Rime
MAGIC JOE
GIORGIO SALIDU
by MAGIC JOE 2024

Lÿra

Giorgio Salidu
Magic Joe

RIME
(NON SONO UN POETA)

©Aurea Nox © Giorgio Salidu
Collana Lyra n° 8
Direzione editoriale a cura di Grazia Velvet Capone
Editing: Irene Salidu
Immagine di copertina, vignette e illustrazioni: Giorgio Salidu
Testi e rime di Giorgio Salidu (Magic Joe)
Fotografia (dedicato all'amico Elio) di Giorgio Salidu (Magic Joe) pag. 20
Fotografia di Fabio/Magic Joe/Spiderman (mamma di Fabio)* pag. 6
*elaborazione Sara Morena Villani digital artist villanisaram@gmail.com

ISBN: 979- 12- 81625- 27 -3

Sommario

Prefazione.. 1

DUE PAROLE DELL'AUTORE 3

Introduzione a... TIME MACHINE 7
  TIME MACHINE..11

Introduzione a... IL GUITTO INTRUFOLATO 13
  IL GUITTO INTRUFOLATO 17

Introduzione a... DEDICATO ALL'AMICO ELIO 18
  DEDICATO ALL'AMICO ELIO 21

Introduzione a... BETTY... 23
  BETTY 27

Introduzione a... DELLA NAVE E DELL'IMBARCO 30
  DELLA NAVE E DELL'IMBARCO 35

Introduzione a... 52 PEZZETTI 37
  52 PEZZETTI 41

Introduzione a... LA ZEROTRENTATRÉ.. 42
  LA ZEROTRENTATRÉ 45

Introduzione a... DEI NUOVI CANTORI E DEL LOR SUONO 46
  DEI NUOVI CANTORI E DEL LOR SUONO 49

Introduzione a... SUI COSMI CHE SCOMPAIONO.. 51
  SUI COSMI CHE SCOMPAIONO 55

Introduzione a... I GIORNI "DI CUI" VAI IN MONTAGNA 57
  I GIORNI "DI CUI" VAI IN MONTAGNA 59

Introduzione a... LA MANDOR LA "FRUTTO BIFRONTE" 60
  LA MANDOR LA (FRUTTO BIFRONTE) 63

Introduzione a... DEL CALCIO E DEI SUOI GIOCATORI 65
  DEL CALCIO E DEI SUOI GIOCATORI 69

Introduzione a... DELLE PIATTAFORME TV E DELLE DIRETTE 71
  DELLE PIATTAFORME TV E DELLE DIRETTE 75

Introduzione a... DELLA PAURA DEL PALCO (nei massimi sistemi) 77
  DELLA PAURA DEL PALCO (NEI MASSIMI SISTEMI) 81

Introduzione a... NOVELLA DELL'ALBERO SARDO 82
  NOVELLA DELL'ALBERO SARDO 85

Introduzione a... NON É MIA MADRE.. 87
  NON È MIA MADRE.. 89

Introduzione a... PER GIULIA 90
  PER GIULIA 93

  PROLOGO (E NON È UN ERRORE) 94
  SENZA PAROLE 96

[...]

PREFAZIONE

La magia risiede nel cuore.

In un mondo in cui l'illusione spesso prevale sulla realtà, Giorgio Salidu, noto come Magic Joe, si distingue come esempio di autenticità e generosità. Originario delle misteriose e potenti terre della Sardegna e giunto alle storiche contrade della Toscana, Giorgio ha saputo amalgamare le due diverse culture in uno spettacolo unico di vita, creando un ponte di magia e di rime sagaci, talvolta nostalgiche o un po' beffarde, ma sempre intrise di umanità.

Con le abili mani di un prestigiatore e il cuore di un poeta, Magic Joe non solo inganna gli occhi del suo pubblico, ma sorprende anche i lettori, lasciando dietro di sé una scia di poesia e di "profonda leggerezza" che apporta nuove riflessioni. Appassionato grafico, Giorgio ha realizzato la copertina di uno dei libri di culto di Aurea Nox, "Battiatosophia", dedicato a Battiato, e ha curato la grafica e le immagini del mio libro "Sette Porte". La sua grafica personale e incisiva è testimonianza tangibile del suo talento e della sua personalità unica. Ogni immagine è un invito a guardare oltre, a cercare significati nascosti e a connettersi con il mondo in modi sempre originali, magari tramite enigmi ancora non risolti, come accade nella misteriosa quarta di copertina del mio libro "Sette Porte".

Anche la sua arte magica va oltre la semplice esibizione; è un atto di condivisione, un dono che si moltiplica spesso in gesti di profonda vicinanza e affetto, soprattutto verso coloro che soffrono. Giorgio non si limita a eseguire un semplice atto di prestigio; crea momenti di pura felicità, insegnando ai bambini che la magia esiste, ed è reale quanto la gentilezza e la compassione. Animato da un forte senso di solidarietà, ritiene sia suo dovere assistere chi soffre. Sia la sua prima opera letteraria, infatti, che questa attuale, hanno uno scopo umanitario, in linea con la sua professione legata all'assistenza e al soccorso di coloro che versano in situazioni di emergenza. Questo libro rappresenta un lodevole progetto di beneficenza dedicato ai bambini in situazioni sanitarie difficili, come il piccolo Fabio, "*il più potente degli Avengers*". L'autore dedicherà ogni quota derivante dalle vendite del libro al nobile progetto dei genitori di Fabio di costruire "CASA MARTA", il primo hospice pediatrico in Toscana, per aiutare altri bambini in grande difficoltà. La casa editrice Aurea Nox e io stessa in prima persona siamo lieti di partecipare a questo progetto che vede in primo piano il benessere dei bambini e un piano di sviluppo di un polo pediatrico d'emergenza per le criticità sanitarie legate all'infanzia. In queste pagine, vi invito a scoprire Giorgio Salidu/Magic Joe, non solo come artista, ma anche come uomo: un individuo che, con ogni trucco e ogni rima, ci ricorda che la vera magia risiede nell'umanità e negli atti di cura e gentilezza che possiamo offrire gli uni agli altri, avendo cura di preservare le persone più fragili e più bisognose con atti di solidarietà, umana pietà, aiuto morale e materiale.

Grazia Velvet Capone

DUE PAROLE DELL'AUTORE

Ci risiamo… eppure sono uno che si rassegna! Invece no. Dopo il primo fortunato libro "DA GRANDE FARO' IL MAGO" che mi ha donato la gioia di aiutare i miei piccoli amici dell'AGBALT di Pisa (associazione genitori bambini affetti da Leucemia o tumore), ci riprovo con una seconda colossale opera che metterà sicuramente in ombra la Divina Commedia di un certo autore Toscano del quale non ricordo il nome.

I versi che andrete a leggere fanno parte di una raccolta che è stata "selezione" di un paio di anni di messaggi fra amici o "posture" nei social. Ognuna di esse ha una storia e un riferimento ben preciso. Fin da ragazzino ho avuto la giocosità mentale di mettere in rima piccoli scritti in brevissimo tempo.

Quasi mai la stesura ha richiesto più di cinque minuti a brano (ovviamente poi corretto con più calma per far tornare la metrica in modo esatto) e questo a mio parere rende il tutto, quantomeno "strano".

Questo modo di scrivere l'ho spesso utilizzato nella composizione dei biglietti di auguri per i compleanni dei miei martoriati amici e parenti o per "parolare" brani noti in occasioni speciali, cambiando i testi di sconosciuti come Baglioni, Battisti o il sommo Guccini e inserendo le mie auliche parole (che indubbiamente ne hanno impreziosito la musica).

Tanto per rendervi edotti sulla mia attuale situazionc vi confesso che questo libro verrà completato in trenta (dicasi trenta) appuntamenti cerebrali con la mia massa grigia, poiché trenta sono le notti di lavoro che mi separano dalla mia pensione.

Nelle attese (spero vane) di chiamata per interventi di urgenza sarò solertemente alla tastiera a cercare di spiegarvi il perché di un determinato racconto. La piccola storia che lo connota deve essere sviscerata ai vostri occhi con dovizia di particolari e sarà anche mia premura inserire una gradevole (spero) vignetta umoristica a corredo.

Sono ancora incerto sull'inserire anche elementi fotografici o magari qualche sconfinamento nella mia grande passione di vita che è la prestidigitazione anche se fra i vari brani troneggia un'ode alle mie amate carte da gioco che tanto potere hanno in molteplici aspetti di tante vite.

Ho sempre dedicato i miei modesti successi alla mia Famiglia che sopporta i miei attacchi d'arte (come direbbe il più noto Muciaccia…Olè) e lo farò anche stavolta con la speranza di rendere più gradevole qualche minuto nella vita di tutti con una lettura leggera solo all'apparenza.

Come sempre devolverò qualsiasi (improbabile) incasso a progetti che coinvolgono delle problematiche relative a bambini che soffrono. Terrò (e spero, terremo) moralmente la mano al piccolo **Fabio (IL PIU' POTENTE DEGLI AVENGERS)** che quest'anno è partito per il più impegnativo dei viaggi e che ho avuto il privilegio di intrattenere con la mia magia assieme all'amico **Gianni Liuzzi** (amato e credibile **SPIDERMAN**) che me lo ha presentato.

È intenzione dei meravigliosi genitori di Fabio devolvere il ricavato di questo libro (sottolineo che **TUTTA la quota autore** andrà al progetto) a contribuire alla costruzione di **"CASA MARTA"** a Firenze. Di seguito troverete informazioni più specifiche e anche nel "prologo" finale aggiungerò delle notizie.

Detto questo vi auguro una buona e divertita lettura giacché il mio intento, appunto, è far scaturire un sorriso.

MAGIC JOE, ALIAS SALIDU GIORGIO, ALIAS IO

CASA MARTA
Il primo Hospice Pediatrico in Toscana

Casa Marta - si chiama così proprio in memoria della piccola Marta, sarà dedicata a rispondere alle esigenze di cura di bambini che soffrono di patologie cronico-complesse o che stanno affrontando periodi di particolare criticità, non ultima quella relativa alla fase terminale della loro vita.

Sarà anche una sorta di **ponte tra l'ospedalizzazione e il ritorno a casa**, dando risposta ai circa 4 mila bambini e adolescenti che ne sono interessati, occupandosi non solo dei più piccoli, ma anche dei loro genitori e familiari, affiancandoli e sostenendoli in quelli che sono momenti di difficoltà e smarrimento e formandoli all'assistenza.

Inoltre diventerà una rete territoriale per il paziente pediatrico: **punto nodale** e di collegamento di informazioni mediche aggiornate tra la famiglia, l'Ospedale, la Scuola, la rete familiare, il pediatra di famiglia e il 118.

Fondazione Casa Marta
Via XX Settembre 106 - 50129 Firenze
C.F. 94297300488

info@fondazionecasamarta.it
fondazionecasamarta.it
fondazionecasamarta
fondazione_casamarta

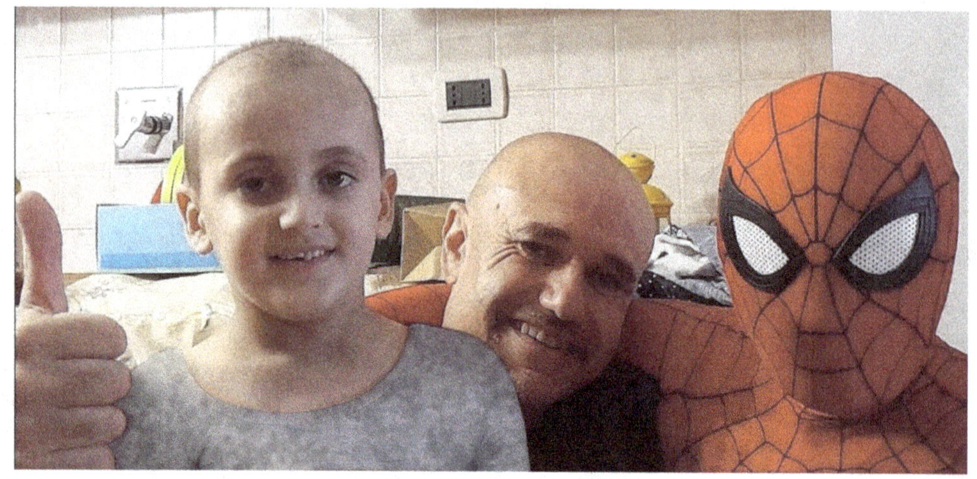

FABIO (il più potente degli AVENGERS), Magic JOE e
SPIDERMAN

"Mamma ho conosciuto il Mago più bravo del mondo".
Anche per me lo è. Il SORRISO di Fabio mentre guardava lo
spettacolo di Magic Joe è stata per noi la magia più grande.
Grazie JOE e grazie SPIDERMAN per essere stati vicini e amici di
Fabio.

Fabio, Mamma e Babbo

Introduzione a...
TIME MACHINE

E qui solleverò polemica e improperi... così come avverrà nel brano dedicato ai nuovi cantanti (presunti). Qualche tempo fa imperversava una gentil pulzella (invero molto carina e aggraziata), che impartiva lezioni di **CORSIVO**.

Non parlo di corsivo "scritto" ma "parlato". Ebbene sì, questa simpatica ragazza storpiava le parole in un modo (originale devo dire) tale da connotare un nuovo linguaggio parlato che veniva definito "corsivo".

L'esempio più eclatante era lo storpiaggio della parola "amore" quando si doveva chiamare la persona amata che diveniva "**AMIOOOO**" e via dicendo.

Per mesi tutti utilizzavano questo modo becero di parlare invitando la *docente* a trasmissioni e piattaforme ed evidenziando vieppiù le sue carenze culturali di base (per far emergere il contrappunto far docenza e inadeguatezza).

Ricordo una certa sofferenza nel vedere il web intasato di siffatte discussioni (quasi come quando trovo un quotidiano per metà pieno di inutili notizie calcistiche quando sarebbe sufficiente una colonna con i risultati o ancora meglio NIENTE).

Da qui lo sbocco poetico del sottoscritto è stato incontrollabile. Poche cose scatenano la mia rabbia interiore come gli immeritati successi (soprattutto in contrapposizione a chi ha tanto studiato o ha dovuto acquistare materiali o ancora seguire impegnativi percorsi formativi).

Sono un essere umano scevro dal sentimento dell'invidia quindi abbandonate il concetto che la mia sia una reazione dettata da questa ma vedere delle serate organizzate per sentire una persona che dice "**amiooooo siei priontaaaaaaa?**" e pagarla migliaia di euro accende l'HULK che è in me e che vorrebbe gridare appunto "HULK SPACCA" come nell'omonimo fumetto o film (siamo pur sempre in tema AVENGERS per il nostro Fabio).

D'altro canto ammiro indirettamente l'intelligenza imprenditoriale di chi con niente ha inventato un lavoro remuneratissimo (che a quanto vedo però è durato come un gatto in tangenziale).

Quindi la mia ode vendicativa, che spalleggia anche il Vate dei Vati, voleva solo evidenziare la leggerezza della cosa e la ricerca attuale, della nostra gioventù, di elementi non propriamente "pesanti culturalmente".

Forse sono troppo vecchio per capire ma davvero non mi scambierei con nessuno dei nuovi profeti.

Forse un giorno parleremo tutti in corsivo. Vi prometto che se mi chiamerete in seduta spiritica quando non ci sarò più vi risponderò: «Diiiimmi Amiooooooooo».

[...]

GU!
MA SIGNORIEEEEE io HO JOLTANTIIIOOO APIEEERTOOO LA CABINIIIAAAA
by MAGIC JOE
MACCHINA del TEMPO
JONO SOLO IL TECNICHIIIO DELLA MACCHINIIIA DEL TEMPIIIO
OIIIIAAA DOLIODORE!

TIME MACHINE

Chiuso dentro la teca tenace
con un freddo assoluto e mordace,
attendevo che i nostri scienziati
risolvessero casi intricati.

Mi ero chiuso con atto legale
che facesse il mio corpo ibernare
per trovar fra trent'anni (notizie)
una cura per la mia calvizie.

Capirete importanza e valore
di una scelta di questo tenore,
risvegliarmi e aver chioma fluente
ben valeva l'attesa latente.

Apro gli occhi e mi parla il primario
che mi mostra il programma diario.
Dice "Caariooo la deviiiio curiareee,
ma in coersiviooo mi deve piarlaaaree".

Cerco aiuto fra tutti i presenti
ma mi parlan storpiando gli accenti.
Cantilenano frasi e parole
"Devieee farliooo, lo dice il diottooooree".

Mi alzo e scatto che neanche Mennea
e mi viene d'un tratto un'idea.
Vado in mensa nel congelatore
per fuggire a siffatto dottore.

Voglio, il freddo di nuovo nel cuore,
risvegliarmi fra un secolo d'ore
anco calvo se non c'è la cura,
e lo dico fra frutta e verdura.

Piano piano si gela il pensiero

guardo in giro nel freezer dov'ero,
vedo male ma c'è un'etichetta
scritta a penna, in corsivo e di fretta.

"Congeliaaaato nel secolo scorsiooo
questo Vate non è mai risortioooo
eria un dotto e famiiosoooo scrittoreee
fatto a trance si è dal dolioooore".

Fra i sacchetti del dotto e ghiaccioli
mi addormento sedando i dolori.
Fra i miei sogni comparso mi è Dante sconfortato e con fare
scostante.

"Cario amiiiico, tu guardiamii il viso
segui me che si va in paradiiiiiisiooo"
Ma il mio animo tosto si è spento
congelato da questo tormento.

Deceduta è ormai la cultura
Se seguiamo siffatta tortura.

..per me si va fra la perduta gente...

"Griaaaazieee"

Introduzione a...
"IL GUITTO INTRUFOLATO"

Ebbene sì, in un gruppo di dotti scrittori e poeti la mia presenza è davvero anomala. Ho forzato i dogmi letterari entrando con la mia grafica naif e grazie alla fiducia incondizionata di chi dirigeva il bellissimo convoglio che è AUREA NOX.
Mia sorella Irene conoscendo le mie improbabili doti grafiche mi ha presentato alla strepitosa Grazia Velvet Capone che stava "componendo" in quel periodo un puzzle di splendidi brani multiautore dedicato al Maestro Battiato.
Mio l'onore di creare una copertina per "BATTIATOSOPHIA" e venire catapultato in un mondo editoriale a me del tutto ignoto. In passato avevo avuto la fortuna di alcune sporadiche collaborazioni grafiche ma la ventura di diventare io stesso uno scrittore era da me lontano anni luce. Eppure ABBIA parlare bene l'Italiano (mi sono sempre detto), ma davvero non avrei mai creduto nella pubblicazione di un primo libro e, se lo state leggendo, di un secondo. Con il tempo poi l'amicizia con Grazia e gli altri del gruppo si è alimentata di eventi, messaggi, telefonate e la mia estraneità al gruppo è venuta sempre meno.
Confesso che tutte le volte che gli adepti sconfinano nell'esoterismo e nella spiritualità il mio lato empirico, artistico e umoristico ci soffre e sarei tentato di ribattere e smontare le tesi eteree (più o meno come quando sento ergere a santone spirituale il Prestigiatore mentalista forse più grande di tutti i tempi, il Maestro Gustavo Rol) ma la forza di questo Gruppo è davvero rendere le differenze di pensiero, credo e professione come un valore aggiunto dove chiunque ha diritto di dire la sua senza vedersi aggredito da chi non la pensa come lui.
Ecco allora che anche un guitto come me viene accettato e può dire la sua. Rispondere ai quesiti e proporre i propri scritti.
I battibecchi con mia sorella poi sono divenuti un "casa Vianello" irrinunciabile per chi osserva.

Insomma, che mi detestiate o no io faccio questo… e se scaturisce una risata, avrò vinto io

[...]

O' GRULLO, O TI ALLONTANI SPONTANEAMENTE O TI POLVERIZZO IL TOMO IN CAPO!
LA PREGO SOMMO VATE, DIA ALMENO UNA SBIRCIATINA
UNA DIVINA OCCHIATA
...GUARDA COME DISILLUDO L'ILLUSIONISTA
LA DIVINA COMMEDIA 1 e 3
RIME MAGIC JOE
by Magic Joe 2024

IL GUITTO INTRUFOLATO

In un gruppo di poesia, sono iscritto
e così sia, ma non so rimar pesante,
sono ahimè solo un passante.

Faccio grafica e magia,
e la colpa udite, è mia,
se fra tanti illustri vati
sono fra gli intrufolati.

Ma si cresce e si matura
anche in campi dove è dura,
far emergere il talento
(non ho fretta e vado lento).

la mia pia, sola illusione,
è di essere un istrione
che distragga quanto basta
a far sorridere la casta.

La più grande verità
è che varie differenze
(fra poesia, teatro e scienze),
fanno solo da tesoro
se condividiamo in coro.

Perdonate questo scritto
declamato da tal guitto ...
fastidioso come rena,
via la tenda... si va in scena

Introduzione a...
DEDICATO ALL'AMICO ELIO

Se mai verrete a trovarmi, all'esterno del muro di cinta, troverete un grande albero.

Nel brano a seguire riporto che l'albero misura sette metri ma è una concessione alla metrica (cacofonico ma vero) poetica. In realtà supera gli otto metri e mezzo e il suo tronco avrà un diametro di una quarantina di centimetri.

Non so che tipo di albero sia ma produce delle piccolissime bacche rosse delle quali uccelli e gechi vanno ghiotti ed ha una chioma verde e folta anche nelle stagioni fredde. Attualmente è in compagnia di una pianta di mirto sardo che spero continui la sua promettente crescita (ha già raggiunto i due metri di altezza).

Questa splendida pianta ci fu donata circa quindici anni fa da un nostro vicino di casa, Elio.

Abitavamo entrambi nelle case antistanti la mia attuale dimora e quando ci siamo trasferiti (con un micro-trasloco vista la breve distanza), il nostro amico Elio ci regalò un ramoscello di un albero che aveva nel suo giardino. Era talmente sottile che dovetti appoggiarlo ad un tutore ligneo che lo accompagnò per anni. E rimase lì, fra il crescere e il non crescere ma tetragona agli elementi climatici.

Ma chi era Elio? Era un uomo di altri tempi che arrivò per ultimo nel nostro condominio. Un uomo già abbondantemente attempato. Un personaggio con alle spalle una separazione difficile, una storia importante successiva e mille lavori prima della pensione. Da operaio, a imbianchino, addetto all'ortofrutta a Livorno. La sua specialità era recuperare vecchi mobili e con pazienza certosina li rimetteva a nuovo ridando lustro ad oggetti che sarebbero stati sicuramente alienati.

Era il nonno del condominio perché tutti si appoggiavano a lui quando si aveva bisogno anche solo di cinque minuti per lasciare i figli o prenderli dal pullmino che si fermava davanti casa. Credo di non averlo mai sentito dire di no.

Mi accompagnò anche a Donoratico a casa dell'amico Corrado a sorvegliare la mia bimba più piccola mentre facevo spettacolo di magia per il compleanno di uno dei bambini della casa ospite. Estremamente indipendente, difficilmente chiedeva aiuto per le sue necessità ma ci si trovava spesso e volentieri davanti ad un bicchiere di mirto o un caffè a sentire i suoi Livornesismi antichi (andonno, carceronno) che restituivano un tono barocco alle conversazioni.

Un giorno qualunque sua figlia ci comunicò di averlo trovato a terra ormai freddo con un brutto trauma alla testa. Evidentemente la sua indipendenza lo aveva tradito ed era scivolato. Qualche intemperanza cardiaca aveva fatto il resto. Andai a salutarlo per l'ultima volta ma fu un saluto sereno, fra vecchi amici.

Premetto che quando a casa decidiamo di comprare dei fiori da piantare mi sento immediatamente in colpa per la loro scomparsa prematura (so già che periranno). Questo sia perché mi ritrovo spesso io a innaffiare e non doso bene l'acqua o perché secondo la stagione sole e vento decimano piantine e fiori come l'urgano Katrina vista l'esposizione della casa libera su tre lati.

Con le piante è diverso. Le poto volentieri e ne apprezzo con pazienza la crescita notando le seppur piccole variazioni. La pianta di Elio mi era sfuggita! Non mi ero accorto che stava crescendo! Rapidamente e inesorabilmente sembrava gridare il ricordo del suo donatore ogni qualvolta scendendo le scale notavo quanto stesse diventando grande.

Quando la liberai dal tutore e lo divelsi dal terreno mi sentii come mamma rondine che butta giù il piccolo dal nido per insegnargli a volare...

Ora è un gigante, come lo era il mio amico Elio e ogni volta che ci passo accanto ho un pensiero per lui...

L'albero del mio amico Elio

DEDICATO ALL'AMICO ELIO

(Da autosomministrarsi ascoltando "L'albero ed io" del
Maestro Francesco Guccini)

Ci son nomi del passato
che di rado ho ricordato,
ma c'è quello di un amico
che a scordar sono impedito.

Ogni volta che io esco
la memoria mia rinfresco,
come inciso in epitelio
mi sovviene il nome Elio.

Era anziano assai e canuto,
e il suo cuore un dì ha ceduto
ma ci aveva già donato
un germoglio che ho piantato.

Era un albero piccino,
quasi un ramo al mio listino;
alto un metro e poco più
con il vento andava giù.

Stranamente mi impuntai
"alberello crescerai"!
Prese vento, acqua, neve
Il ricordo ormai era lieve,

(dell'amico mai scordato
ma il pensiero era attenuato).

Poi di colpo la cagione
forse già illuminazione,
per ragione sconosciuta
quella pianta assai è cresciuta.

Sarà alta sette metri
e ogni ramo arriva ai vetri
e ripara dal gran sole
rinfrescando assai le aiuole.

Il suo tronco ormai robusto
regge le difficoltà
come fece il grande Elio
con la sua splendida età.

Ve lo mostro in foto vera,
la parola mia è sincera
ma vi devo riferire
una prassi mia infantile.

Ogni volta che passando
scorgo il simil-palissandro
ho un pensiero e qui non celio
dico "ciao" all'amico Elio.

Introduzione a...
BETTY

É triste "Betty", immensamente triste.

Quando un umorista come me si butta in argomenti tristi si corre il rischio di indossare in toto la tristezza e proiettare empaticamente questo stato d'animo su tutti quelli che leggono.

Lo scritto fa ovviamente riferimento alla allora recente scomparsa della Regina Elisabetta.

Amore e odio per questa sovrana si dividono ancora equamente. Chi la trovava simpatica per la sua dinamicità e praticità poteva tranquillamente odiarla per la vicenda legata alla sua ex nuora Diana scomparsa in circostanze accidentali ma piuttosto misteriose.

Il nostro fulcro narrativo però è il vecchietto che scrive e racconta di un amore quasi centenario con la Sovrana.

Quante volte nella nostra vita abbiamo taciuto sentimenti o stati d'animo per non turbare protocolli o sensibilità! Quante volte abbiamo avuto l'impressione di "perdere un treno" per non aver avuto il coraggio di fare qualcosa o di dichiarare il nostro amore a una persona con la paura di rompere convenzioni? Quante volte abbiamo avuto la possibilità di suonare un campanello e non lo abbiamo fatto per paura del rifiuto di chi avrebbe dovuto aprirci la porta?

Ebbene, lui lo ha fatto per quasi cento anni (tempo rappresentativo di un laconico "troppo tardi") e quando finalmente quella porta viene spalancata, lui parte! Un viaggio lontanissimo che sulla porta di casa, alla partenza, era già infinito.

Arrivato sul posto, tutto è a misura di Betty; qualsiasi cosa accade ha un motivo, una giustificazione che solo un grande e soffocato amore può certificare.

Arriva a perdonarle ancora una volta il fatto che non gli viene incontro per un improvviso lutto a palazzo (non sa che si tratta proprio di Betty) ma l'emozione è troppa.... Troppe le aspettative e troppo l'amore soffocato.

Si spegne anche lui, tragicamente davanti al palazzo di Betty. Si percepisce il trambusto per la sua caduta ma lui è già lontano, parole inglesi sullo sfondo "Queen, stone, coin" a testimoniare che si trova nel posto giusto.

 É già via da lì, lontano dalle cose terrene, mano nella mano con una regina che non è più regina, che come nella "livella" di Totò è finalmente uguale a lui, perché come lui ha amato.

Questo è il brano delle occasioni perse, o abbandonate, o mai avute. Questo è il brano che celebra l'inutile fasto o la dimenticata miseria.

Due bambini giocano,

due vecchietti giacciono,

è in questo momento ognuno di noi sta valutando le occasioni perdute

[...]

È LUI CARO SAN PIETRO È ADALGISO, ERAVAMO FIDANZATINI DA BAMBINI... BELLINO VERO?
NON MI DICA NIENTE SAN PIETRO, MI TOCCA NASCONDERMI ANCORA VERO?
MI CHIAMI MAESTÀ!
SONO IO IL RE MAMMA!
SAREBBE MEGLIO!!!
by HALIC JOE 2020

BETTY

Finalmente risoluto
son partito senza aiuto
per salir su quell'aereo
a saziar quel sogno etereo.

Poche ore senza lagna
e si atterra in Gran Bretagna.
manderà, lo so sicuro
grande auto a manto scuro.

Giungerò dentro il suo regno
che di applausi sarà pregno.
Finalmente, son cent'anni
che combatto coi miei affanni.

Eravamo dei bambini
a giocar da frugolini.
Io ero il figlio della tata
lei Regina designata.

Una storia d'altri tempi
che a migliaia avrà di esempi.
Prima bimbi e innamorati
(dai regnanti separati)
ed ognuno la sua vita
a distanza indefinita.

Poi le nozze, i figli, il regno
e di nulla sono degno,
son rimasto triste e solo
e a guardarla mi consolo.

Ma alla fine come un raggio
è risorto il mio coraggio,
sono giunto al suo castello
può trovarmi ancora bello.

Ma deve esserci un problema
tutto è a lutto, triste scena.
La sua guardia non mi ascolta
proverò seconda volta.

Io non guardo i notiziari,
di gaiezza sono avari
ma dev'esser trapassato
un notaio o un suo avvocato.

Non vedrei altro motivo
del suo modo di far schivo.
Si lo so son centenario,
ma la attendo col diario
dei miei strali, innamorato
che per lei solo ho creato.

Uscirai fra un po' mia Betty
chiudo gli occhi (cosa aspetti?)
quando prenderò la mano
e ti porterò lontano.

Nel silenzio del mio cuore,
nel mutare delle ore,
sento un milite gridare
«Non respira, lui sta male».

Non mi importa giovanotto
(vorrei dire ma non posso),
sono ora con la Betty
che alla fine ha sciolto i veti.

Fra un convoglio nero e tetro
ed un vecchio steso a un metro
sul vialetto a pochi metri
due bambini giocan lieti.

Siamo Betty ed io bambini
ricca e povero vicini,

con le mani nelle mani
finalmente nel domani.

(Un vecchietto ritardatario)

Introduzione a...
DELLA NAVE E DELL'IMBARCO

Mi è capitato in almeno sei o sette occasioni di poter portare nella mia terra quello che è il mio hobby da ormai trentadue anni. Mi ritengo un professionista della magia visti gli oltre 2500 spettacoli effettuati in tutta Italia e talvolta all'estero e la possibilità di mostrare in terra natia quello che ho imparato è davvero esaltante.

Più che altro mi rallegra il fatto di poter regalare qualche momento di serenità al mio mondo di infanzia; quasi un silente ringraziamento per le solide basi che mi ha regalato e la benevolenza nell'accogliermi ogni volta che riesco a tornare.

L'idea che in una macchina sia contenuta la possibilità tecnica di oltre cinque ore di spettacolo in qualsiasi contesto di pubblico (piazza, teatro, locale) è davvero esaltante. Mezzi e manodopera contenuti "**inunminuscolospaziovitale**" (come diceva il buon genio di Aladdin nel film Disney).

Così racconto di un viaggio; uno di quei viaggi che sono reali e spirituali, dove tutto assume una dimensione speciale perché c'è tanto silenzio e introspezione forzata.

In quel viaggio poi un simpatico episodio mi rese più serena la traversata.

Essendo il primo mezzo a salire sulla nave avrei dovuto percorrere la lunga rampa a dritta che repentinamente attraversava tre ponti in un sol colpo. Ergo, con incedere spedito affronto la ripida salita con una bella spinta. Giunto in cima effettuo la curva a gomito che mi avrebbe portato al punto di parcheggio.

Devo però essere salito con troppa veemenza poiché uno dei giovani operai della nave si riparò da un possibile investimento in una delle nicchie laterali dove erano custoditi materiali di manutenzione del ponte. Immediatamente arrestata la corsa mi prodigai in un saluto ed un gesto di scuse al quale il giovane rispose con una risata e una mano alzata.

Spesso e volentieri trattengo in macchina qualche cioccolatino al caffè per un momento di scossa nei rari casi di noia alla guida (a me piace tantissimo guidare, ma sono molto prudente e agisco alla prima avvisaglia di sonno)

Presi gli oggetti necessari per la traversata e mentre il ragazzo cominciava ad imbragare le ruote della mia auto pensai a un gesto di ulteriori scuse offrendo uno dei cioccolatini che intanto avevo fatto scivolare nelle tasche. Lo prese ringraziando e in dialetto napoletano disse una frase che più o meno tradotta recitava «Me l'hai fatta fare sotto per la paura». Risata e saluti.

Giunto sul ponte del bar e seduto sulla poltrona decisi di appisolarmi per recuperare il sonno che la notte di turno appena fatta mi aveva rubato.

Il tutto avvenne fino a quando l'ultimo dei messaggi in filodiffusione recitava il sollecito a togliere dalle auto le cose necessarie per la traversata.

Fu lì che ricordai di non aver preso la batteria esterna per il cellulare (santa previdenza) e quindi mi ritrovai di corsa di nuovo ai garage per non far chiudere le paratie prima della navigazione.

La scena trovata sul ponte ove era la mia auto era davvero fantastica.

Nello spiazzo lasciato libero per eventuali manovre una ventina di operai della nave era seduto in terra in cerchio, con bevande e stuzzichini a festeggiare chissà cosa! (O forse niente). Immancabile birra in mano (**HIP HIP URRA'** era Ichnusa) e momento di imbarazzante silenzio al mio arrivo. Ma uno degli astanti si alzò in piedi e mi invitò al desco dicendo platealmente che ero suo amico. Era il "salvato" da investimento il quale con una lattina e un brindisi suggellò l'improvvista amicizia.

Fra risate scherzose (e meno male che ho molti amici partenopei dai quali ho appreso i rudimenti dialettali) la nave partì e per aggirare le paratie sigillate i marinai mi fecero passare per anguste scalette mai nemmeno immaginate e che uscivano in false pareti che non avresti mai definito "porte". Fino a tornare alle poltrone del Bar di prora.

Il resto della trasferta poi è stato assolutamente positivo. Al mio spettacolo è stata presente anche la mia Maestra delle scuole elementari. **"Maestra Idola"** (un nome particolare per una Donna eccezionale) e il momento dell'incontro è stato davvero commovente ed emozionante.

Lo spettacolo è stato galvanizzante; ritrovarmi in mezzo ad amici di oltre trent'anni prima è stato particolarmente stimolante.

Poi come nella migliore tradizione teatrale le luci si sono spente, la musica si è zittita, la macchina è partita alla volta di Olbia con lo stesso materiale dentro, lo stesso mago, la stessa nostalgia ma una scintilla di felicità.

É forse è questa la definizione di magia...

Una scintilla di felicità

La mia adorata Maestra Idola allo spettacolo di Magia.
Una Maestra straordinaria e magica, che è sempre nel mio
cuore.

TITANI
NAVE AURORA
ALLORA GIOVANOTTO, VOGLIAMO DECIDERCI AD IMBARCARCI? SUVVIA SI SBRIGHI!
SSTTTT! MAGIC JOE NON SI È ACCORTO CHE SIAMO SCESI DALL'AUTO!
POSSO PENSARCI UN ATTIMO?
by Magic Joe 2024

DELLA NAVE E DELL'IMBARCO

Giunto in corsa e fiato corto
al labronico pio porto
con la macchina imbibita
che per prima poi è salita.

Piena è di materiali,
audio, effetti e macchinari.
Torno un po' in terra natìa
che io sento sempre mia.

Con il suo dolce ricordo
che nell'animo ora mordo
ad ottobre 'ottantasei lasciai casa, amici e i miei,

(da fanciullo intraprendente
per lavoro in continente.)

Ogni volta che ritorno
Manca un pezzo al mio contorno;
un parente, casa, amici qualche volta sono partiti,
ed in certi casi sai non ritorneranno mai.

Io domani vado in scena
e nell'animo una piena,
con la mia intenzione pia
porto a tutti la magia.

Sono trucchi ed illusioni
ma gli inganni sono "buoni".
Sanno tutti che c'è il trucco
quando restano di stucco.

Per me serve a tamponare
la tristezza del gran mare
che si chiama nostalgia

Sorridendo in terra mia.

Ma alla fine, calmo e strano
dopo il grande battimano,
spegneremo i riflettori
e si struccano gli attori.

Tornerò con la vettura
verso il porto con premura
a riprendere la nave
e il mio pianto chiudo a chiave.

Introduzione a...
52 PEZZETTI

Il titolo giusto sarebbe "52 pezzetti più due jolly". E stiamo ovviamente parlando di carte da gioco.

Posseggo quella che definirei una "*raccolta*" di mazzi di carte, più che una collezione. Chi li colleziona li custodisce con cura e non li apre, a me piace aprirli, usarli, portarli con me e utilizzarli negli spettacoli.

Ne posseggo circa duecento di varie marche e con varie stampe.

A questi si aggiungono i regali degli amici che viaggiando all'estero e conoscendo la mia passione me ne portando da ogni dove (possibilmente mazzi di carte locali e non "acchiappaturisti").

Nel lontano 1992 cominciai il mio viaggio nella prestidigitazione grazie ad un carissimo amico Medico, già mago affermato. Mario Raso, al secolo Maior (poi cambiò nome d'arte più tardi).

Cominciammo il percorso con un mazzo di carte a dorso rosso della *BICYCLE* che ancora in parte possiedo. Venti carte di questo le sacrificai per la manipolazione pura qualche anno più tardi, snervandole e consumandole con l'uso negli spettacoli.

Le *bicycle* sono fra le carte migliori utilizzate negli effetti magici. Sono le carte "di casa" per gli americani (un po' come le MODIANO per noi) ma per la loro struttura e conformazione a cuscino d'aria si prestano a fioriture e manipolazioni eccellenti mantenendo eleganza e sobrietà.

Sul dorso oltre le biciclette sono presenti anche ali ed altri elementi nominati nelle rime.

L'allusione al mare da non mostrare alle carte è che la salsedine (anche presente nell'aria) le rovina irreversibilmente rendendole non più manipolabili.

Il mio primo spettacolo di Magia presentato in una bellissima Villa settecentesca a Molina di Quosa (PI), grazie ad una cara amica di allora che me ne diede l'opportunità, era basato all' ottanta per cento sul mazzo di carte.

Pur possedendo dei mazzi truccati non li uso **MAI**! Preferisco la manipolazione con carte normali, controllabili dallo spettatore e quando sono ospite mi presto anche ad utilizzare i mazzi che si hanno in casa per non destare sospetti su un eventuale mazzo truccato.

Nel corso della mia carriera magica ho avuto la fortuna (**vera fortuna**) di avere Maestri come Tony Binarelli e Aurelio Paviato; veri giganti della Magia e draghi con le carte: dove ho potuto imparare, ho imparato.

Ora vivo di rendita! Non uso quasi più fiorettature e platealismi. Prediligo la sostanza all'apparenza cercando di creare piccoli miracoli agli occhi di chi mi osserva! Troppa abilità manipolatoria insospettirebbe! Preferisco mi cadano le carte di mano facendomi credere incapace per poi far comparire dentro il portafoglio di uno spettatore la carta che aveva firmato e bruciato con le sue stesse mani.

Nelle mie tasche sempre un mazzo di carte e la cantilena in testa: **C**ome **Q**uando **F**uori **P**iove (cuori, quadri, fiori, picche), quattro semi come le quattro stagioni,

la somma dei valori delle carte compresi i jolly è 365 e via dicendo...

tutte cose vere che nel corso dei secoli hanno cambiato la storia della società piegandola alla superstizione e all'esoterismo fasullo.

Un cartomante che avevo incrociato all'isola d'Elba chiuse il banchetto di corsa e fuggì a gambe levate dopo che, avendo mescolato lui le sue carte mi autorizzò (eccezionalmente, disse) a girarle. Tirai fuori per 18 volte la LUNA NERA. Probabilmente ha cambiato mestiere.

Pensa una carta... Fatto? Nominala... **ESATTO!** Avevo pensato proprio a quella

[...]

MA PERCHÉ FAI COSÍ JACK? LA REGINA MI HA DETTO DI VENIRE DA TE
...BUAAAA IL DUE DI PICCHE !!!
AH AH AH...? COSA PENSAVI? CHE CI SAREMMO MESCOLATI?
by MAGIC JOE 2016

52 PEZZETTI

Nel pacchetto colorato
giace un mazzo immacolato.
Nel suo dorso bici e ali
che del mago son regali.

Come un magico presepe
riempiranno le ore liete;
Asinello bimbo e bue
esse son cinquantadue.

Ogni mago le trasporta
con lui seco nella sporta,
ma in sua tasca o peggio al mare
puoi le stesse rovinare.

Poi le apri, fai un ventaglio
e cominci con un taglio.
Scegli, guarda, metti al centro
nei tuoi occhi guardo dentro.

Pensa forte a ciò che hai visto
e il pensiero tuo conquisto.
Essa è rossa, è una figura;
regna al mondo imperitura.

Son sicuro, tolgo fuori
Ecco a Te....
Donna di Cuori

Introduzione a...
LA ZEROTRENTATRÉ

Lungi da voler fare specifica pubblicità, esistono delle icone sarde per le quali noi isolani veniamo facilmente catalogati. Il formaggio marcio, pecore e pastori (a volte con pessimo gusto umoristico), il mirto, su "filuferru" (potente acquavite dalle epiche origini illegali), Gigggggi Riva (con tutte le dovute G del caso) e la sacra **ICHNUSA**.

Eh sì, perché da quando eravamo piccoli (*legalmente in grado di bere*), questa bionda bevanda ha accompagnato le nostre scorribande giovanili, le nostre pizzate di gruppo e le giornate da manovale per guadagnare due soldi di miscela per i motorini.

Per molti anni le mie licenze in Sardegna, dalla Toscana dove risiedo, erano un impegno morale a riportare un pochino di sacro nettare in continente e qualsiasi amico o collega avesse avuto la ventura di viaggiare in auto per andare nell'isola, ritornava inesorabilmente con il bagagliaio pieno di lattine o bottiglie commissionate da nostalgici.

Si aggiunga che un caro amico del gruppo, Roberto A. *(da distinguere da Roberto P. e da Roberto R. e qualche volta anche da Roberto S.)* lavora tutt'ora, con nostra somma invidia, nella catena di imbottigliamento dell'amata birra e, avendo diritto sovente ad alcuni bonus aziendali ci faceva gradito dono di preziosi totem liquidi da adorare prima della bevuta!

Ora non è più così. Grazie alla globalizzazione la pregiata birra si trova praticamente ovunque e in casa diciamo che non manca praticamente MAI!

Inoltre, con mia somma soddisfazione personale, abbiamo una casa con un'ampia e riparata terrazza che in primavera/estate viene vissuta dalla famiglia praticamente per tutta la giornata.

In un anfratto della medesima ho stipato un fantastico minifrigo che possiede *millanta* tesori al suo interno: limoncelli e mirti fatti in casa, esperimenti di liquori fatti da amici, prosecco immancabile in caso di visite, vini bianchi in caso di cene a base di pesce e una decina (minimo) di artistiche lattine da 0,33cc di bionda Ichnusa. Eh sì, bionda, perché a me le varianti (cruda, non filtrata, lemon) non piacciono. Solo lei ha il potere di scatenare ricordi e sensazioni facendomi vincere quella maledetta nostalgia che mi attanaglia e della quale non posso far menzione con nessuno perché nessuno capirebbe.

Solo chi è sardo sa cosa vuol dire lasciare l'isola! Lasciare i suoi nuraghi, l'odore dell'asfodelo e del cisto. Le distese di mirto (mentre qui ho faticato parecchio per far attecchire una piantina), l'odore della terra bagnata quando piove a Mont'e Cresia.

Quando ci troviamo fra amici non manco l'appuntamento con la battuta più gelida che mi possa mai essere venuta in mente parlando della birra… "chissà perché hanno voluto celebrare un banale singulto parossistico (singhiozzo) negli Stati Uniti, con una bevanda" alla faccia dubbiosa degli amici vado a spiegare "**ICH IN U.S.A.**"

Penso a questo punto che vogliate incendiare questo libro. Leggetelo almeno e rimandate l'infausta decisione, magari un sorriso è dietro l'angolo.

A SA SALUDI!

MA SAI CHE DA QUANDO
HAI CAMBIATO LIVREA
TI TROVO...HIC!
PIÙ SIMPATICO?
HIC!
1912
nusa
NIMA SARDA
DRINK
WARS
by MAGIC JOE 2024

LA ZEROTRENTATRÉ

Fermo, al fresco su in terrazza,
di caffè ho sorbito tazza,
ma da sardo in continente,
ho patologia latente.

Come anima dannata
cerco in giro genialata,
di risolver per magia
questa assurda nostalgia.

Scorgo alfine il minifrigo
che ronfando ronza pigro,
poi lo apro, come si usa
e da lui traggo ICHNUSA.

Essa è gelida e invitante
(dopo un litro sei un cantante);
ma da zerotrentatré, se è ghiacciata
tu sei un RE.

Ma non basta, non soddisfa,
ciò che manca non è a vista...
manca il mirto, l'asfodelo,
l'acqua chiara e il caldo ciclo.

Mentre vuoto questo acconto,
io mi sto rendendo conto,
che a mancarmi (e il cuor mi segna)
è la magica Sardegna.

Introduzione a
DEI NUOVI CANTORI
E DEL LOR SUONO

Sarò vecchio io… ma queste nuove generazioni di cantanti, cantautori, interpreti e urlatori davvero non li sopporto.

Non dico di non capirli perché hanno trovato la gallina dalle uova d'oro nel vendere un prodotto musicale che <u>**NON è un prodotto musicale**</u>.

E badate bene che non ne faccio un discorso di estetica o presentazione (noi siamo la generazione che ha visto Renato zero, i Kiss, Alberto Camerini) ma di contenuti e capacità. Piuttosto il problema è di chi ascolta.

Questi nuovi profeti parlano di suicidio, droga, sesso violento, tortura e autotortura. Si definiscono una generazione che si è **FATTA** da sola (sono d'accordo) e si ritengono degli eroi quando si cucinano un uovo da soli nell'appartamento in centro a Milano che gli ha regalato papà e che sono costretti a riordinare (per pulire c'è la donna delle pulizie).

Ulteriore problema le mammine di questa generazione che li trovano adorabili ed eroici perché sopravvivono alle atroci difficoltà della vita *(la rete internet non è abbastanza veloce)* … poco importa che sia ancora presente l'esempio di molti di noi che siamo partiti a quindici o sedici anni da casa per andare a lavorare onestamente. Non che fare musica professionalmente non sia onesto, tutt'altro, ma sul "fare musica" sono piuttosto tignoso.

Ovviamente non parlo di tutti, ma la maggior parte dei profeti hanno dei testi improponibili, non sanno suonare neanche uno strumento musicale, non sanno leggere la musica, e sanno cantare solo con l'autotune.

A volte la voce è talmente biascicata e modificata che non si capisce nemmeno una parola ma, santo cielo, sono fighissimi (pensate che uno o due di questi hanno persino vinto un notissimo festival della canzone nazionale).

Mi piacerebbe tanto fare uno scherzo! Vorrei avere il telecomando dell'*autotune* per poter sentire la loro vera voce durante un brano interrompendo l'effetto elettronico!

Si sentirebbero nudi, incapaci di proseguire a braccio, con delle voci senza estensione vocale o particolarità.

La colpa è anche di questi Talents che sfornano divi a cascata. Il migliore di un gruppo è ben sotto lo standard accettabile ma è il migliore (ammetto che a volte sono *usciti* dei talenti che hanno saputo dimostrare impegno, tenacia e capacità ma sono casi rari).

Per la promozione dei talents è necessario mandarli avanti come se fosse l'unico modo per emergere.

Raggiungere un disco di platino poi è relativamente facile visto che il mercato è in gran parte digitale e i valori di riferimento sono fermi ai dischi in vinile.

Peccato, ci saranno meteore che non potranno mai suonare su un tetto come i Beatles o in una stazione ferroviaria come Baglioni, o in un'osteria come Dalla, solo con voce, chitarra o pianoforte.

Quando uno qualsiasi di questi neo profeti produrrà una frase come la seguente; con la stessa capacità immaginifica e descrittiva, forse comincerò a seguirli

"..le luci nel buio di case intraviste da un treno! Siamo qualcosa che non resta, frasi vuote nella testa e il cuore di simboli pieno"(Incontro F,Guccini)

BRANKO & MAMMUT
TOUR
by Magic Joe 2019
VIVO CON I BRIVIDIiiiii
AUTOTUNE
OFF
ON
CLICK
CYP & CYOP
TONNI
CYP!
CYOP!
CENSURA
ORA I BRIVIDI VENGONO A NOI

DEI NUOVI CANTORI
E DEL LOR SUONO

Passata da tempo la mia cinquantina,
accendo di nuovo la mia radiolina,
cercando canzoni e musiche liete
che grazie alle onde mi arrivan dirette.

Ruotando il pomello della sintonia
non colgo una nota di quella magia
che Dalla, Baglioni, Guccini o Vecchioni
riempivan le radio da grandi leoni.

Ricevo fraseggi di stupri e omicidi,
di droga, pistole, martelli e suicidi,
di falsi profeti con malinconia,
la cui sofferenza è la pura follia.

Propongo di getto fra loro una gara
"chi perde abbandoni per sempre la strada".
Siam pronti a una parte con chitarre e voce
dall'altra coi mixer, autotune e una croce.

I vecchi che cantano fanno annoiare
e i rapper e i Trapper ti sanno incantare.
Ai giovani dicon che stanno soffrendo
perché il conto in banca sta lento scendendo.

Ma ecco di colpo che manca la luce
e il loro autotune diventa fallace.
D'un tratto vorrebbero il logopedista
non riescono a far di parole una lista.

La voce gli pare ridicola e nuda
e di non avere una dote han paura,
mentre la voce dei veri cantanti

con testo e con cuore, li porta distanti.

Non faccio dell'erba un unico fascio
la lista dei validi, breve, vi lascio.
Tamponano innate incapacità,
con trucchi elettronici, tatuaggi e pietà.

Scusate il mio modo bigotto e puerile
di amare la musica pura e gentile,
Con voce, con ritmo, testo ed accordi
che lascino dentro pensieri e ricordi.

Ben vengano artisti che studiano seri
ma senza che il lancio dai "talents" imperi.
Che siano capaci di musica e testo,
e al diavolo quelli che esaltano il resto.

Introduzione a...
SUI COSMI CHE SCOMPAIONO

Alcuni miei scritti sono dovuti a riflessioni profonde, anche se la mia faccia e il mio comportamento quotidiano difficilmente possono indicare una persona introversa e riflessiva.

Nel giro di pochi anni ho visto il mio mondo di infanzia sparire; i miei nonni, i miei zii (uno in particolare al quale ero legato in modo speciale), il mio adorato Padre (glielo avessi detto più volte). In poco tempo pilastri, fondamenta e muri della mia vita sono mutati! Spariti e ingoiati nel vortice del tempo. Intere esistenze fagocitate dal nulla, delle quali gli oggetti legati all'esistenza sulla terra non hanno più nessun significato.

Mio zio Erasmo per esempio aveva donato alla parrocchia della quale è stato Parroco, un terreno dove per decenni è stato fatto il campeggio estivo per tutti i bambini di Sinnai e dei paesi vicini. E adesso è abbandonato al nulla! (Un tempo brulicava di vita e felicità e lì ho la maggior parte dei ricordi di infanzia).

I cofanetti e le creazioni in legno in stile sardo che faceva mio padre esistono nelle case di amici, parenti e rari clienti (non ha mai amato commercializzarli), che di sicuro non ne conoscono il valore legato all'impegno ed alla passione con i quali li costruiva, ma ne apprezzano la rara bellezza.

Tutto scompare…. Tutto cambia… e i cosmi legati a queste persone esistevano solo finché esse sono state in vita… dopo ne esiste il ricordo, la sensazione, un gusto o un colore.

Descrivo appunto questo a mie figlie, poiché vorrei che di me fosse ricordata quella semplice capacità di far scaturire un sorriso, oppure di rispondere "SIIIIIIII??????" quandochiamato, incrociando gli occhi con una faccia buffa.

Sarebbe già abbastanza.

Pssst pssst…
Nel mio bancone di lavoro, in garage, ho una valigetta laccata nera

con i gancetti in metallo.

Avrà una quarantina d'anni poiché la ricordo bambino fra gli attrezzi di mio padre. Dentro ci sono sgorbie (o sgubbie, fate voi), martelli in legno, pialle sessantenarie, serracchi di inizio secolo scorso. Un tesoro del quale mia Madre Zelinda e le mie sorelline Irene e Sandra conoscono il profondo valore.

É il tesoro di Papà; l'ho portato via perché lavorare il legno era il suo sorriso, forse quello che da bambino non aveva potuto avere (nel cosmo, che anche per lui era scomparso).

Alcuni cofanetti in stile sardo realizzati da mio Padre
Sergio

MAGIC JOE
ILLUSIONISTA
06.09.69
"ET - VOILÀ"
SIGNORA! SIGNORA MI SCUSI, ERA SOLO UN NUMERO MAGICO... SI CHIAMA RESURREZIONE!
SIGNORA... MI SENTE?
NON, TI AVVICINARE A LUI É ANTIPATICO ...OK?
by MAGIC JOE 2014

SUI COSMI CHE SCOMPAIONO

Parlavo l'altro giorno
con mia figlia d'intorno,
di come questa vita
non sia mai definita.

Dettavo esempi e casi
di miei cari parenti
che una volta scomparsi
volavano fra i venti.

Oggetti, storie, fatti,
senza la loro presenza
non sembran mai esistiti,
e si può fare senza.

Penso spesso a mio Padre
ai nostri cosmi intrecciati,
potranno sopravvivere
solo se ricordati.

Foto, macchina, utensili,
hanno senso soltanto
se a renderle collante
è la persona distante.

Ho chiesto alla mia bimba
di farmi una cortesia,
Sopra la mia lapide
porre una scritta mia.

Voglio che il mio ricordo
sia un cosmo a sé presente
che quando mi ricordino
il pianto non sia niente.

"Qui dorme un mago folle,

pieno d'amore puro,
dovete ricordarlo per un fatto sicuro.
Quando la sua ironia scalfiva i visi duri,
risate e poi sorrisi erano imperituri.

Questo cosmo, udite, mai scomparirà, se sorridete appena,
papà per sempre è qua".

Papà Joe

(Alle mie meravigliose Figlie)

Introduzione a...
I GIORNI "DI CUI" VAI IN MONTAGNA

Lo so, rabbrividisco anche io a leggere il titolo, ma una doverosa spiegazione chiarirà questo errore grammaticale volontario. Correva l'anno 1985 (o era il 1986?), quando noi giovani virgulti umoristici fra vignette e scritti imbrattavamo i giornali scolastici di racconti turpi e vignette audaci.

Chi era più ferrato nella grafica produceva indimenticabili fumetti (MODESTO JOE), chi deteneva il sacro fuoco letterario scriveva testi. Mi riferisco al mio amico fraterno, Gianni Serreli, (Gianni per tutti) e attualmente ricercatore notissimo presso il CNR della mia amata isola (ma anche oltremare).

Uno dei suoi testi "I giorni di cui piove" troneggia ancora nel cassetto delle idee perdute, fra bozze di disegni e trafiletti di appunti. Ogni volta che l'ormai cinquantennale cartella viene aperta per motivi nostalgici, quel brano ricco di no-sense e battute mi spiattella il titolo e l'errore come un qualcosa che fa eco!

Da qui il mio dovere di applicarlo a un breve racconto relativo ad una gita in scooterone nel mio viciniore "Monte Serra", adorato luogo di montagna che si raggiunge attraverso una bellissima strada piena di tornanti e in ripida salita.

Nel ritorno serale da questa rilassante uscita si presentava appunto la scena raccontata con un motociclista che aveva sfondato con la testa un parabrezza.

A occhio e croce aveva invaso per velocità la corsia opposta e fummo in pochi a fermarci per prestare soccorso (triste realtà).

Il lieto fine se c'è stato non è di mia conoscenza… a me rimane un viaggio in scooter, una bella giornata fino a quel momento, un soccorso, e tutto questo in un giorno DI CUI vai in montagna!

PAURA EH? AH... HA HA HA QUESTE GITE IN MONTAGNA SONO FANTASTICHE! BUU BUUU HA HA HA!
GROWL!
LO SO, COME VIGNETTA NON É PROPRIO ATTINENTE ALLE RIME, MA NEI GIORNI "DI CUI" VAI IN MONTAGNA.. E IL CASO DI STUDIARE QUALCHE ACCORTEZZA
L'IMPROVVISAZIONE A VOLTE E DRAMMA!
UHHHH CHE URLO BEN IMITATO
by MAGIC Joe 2024

I GIORNI "DI CUI" VAI IN MONTAGNA

Discendevo giù dal monte
con lo scooter e il vento in fronte,
quando dopo una radura
sulla via, vi era vettura.

Rotto il vetro ed incavato
un centauro era incastrato.
Larga prese quella curva
e non fu una mossa furba.

Dentro l'auto, stai a sentire
vi era donna a interloquire
per sentire se il ferito
fosse lucido o stordito.

Ma ahimè, dal suo parlare
(da straniero a tutti pare),
non riuscivasi a capire
se volesse o no dormire.

"Resta desto non crollare
che il soccorso può arrivare"
mentre tanti transitanti
incuranti vanno avanti.

Alla fin della sciarada
auto e moto stanno in strada,
con fervente tracotanza
han riempito l'ambulanza.

La morale in tutto questo,
ve la dico presto e lesto:
Non andate più in montagna
che qualcuno poi si lagna.

Introduzione a...

LA MANDORLA "FRUTTO BIFRONTE"

La spiegazione sulla bifrontalità del frutto è evidente LA-MAN-DOR-LA, che se ripetuto continuamente non evidenzia distinzione fra articolo e finale del sostantivo.

Era un gioco lessicale che ci appassionava fin dalle scuole elementari e ci sono ricaduto dentro a piè pari.

Poter poi raccontare un aneddoto di infanzia di portata atomica non ha davvero prezzo. Confesso che le cose non sono andate davvero come narrato nelle rime.

Racconto da sempre questo fatto come se lo avessi vissuto in prima persona ma di fatto io ho assistito unicamente all'epilogo della vicenda.

Il mio amico di infanzia Fabio C. invece visse l'evento sulla propria pelle (ustionata) in un periodo nel quale il barracello poteva spararti a sale o lardo e nessuno si sarebbe mai sognato di denunciarti per lesioni (visto che stavi rubando).

Anzi, al ritorno a casa il genitore responsabile dopo aver curato l'ustione avrebbe utilizzato il sacro bastone dell'educazione per riportarti sulla retta via.

Da "nipote del Prete" quale ero, evitavo di infilarmi in guai di ogni sorta cercando di tenere un basso profilo. Motivo per cui quel giorno io non ero sull'altra pianta come spesso ho raccontato ma già a terra e in un punto nel quale il barracello non poteva vedermi (curiosamente qualcuno aveva sistemato una cassetta di mandorle sulla mia bicicletta).

Impossibilitato nell'avvisare Fabio dell'arrivo venatorio sperai fortemente che si nascondesse meglio fra i rami.

Il suo balbettare cronico fu scambiato per faccia tosta nel rispondere, mentre l'effluvio di bestemmie mai sentite fino ad allora, dopo lo sparo, avrebbe fatto impallidire l'anticristo nella sua forma migliore… e badate bene… senza nemmeno un "acchicchìo" (come si dice a Sinnai) o balbettio.

In tutta onestà avrei visto meglio un colpo in aria (anche per non causare involontari dolori come credo sia stato il colpire Fabio nella parte bassa della gamba), o meglio ancora sarebbe stato prenderlo per un orecchio e trascinarlo da Signor C. che avrebbe sicuramente trovato una punizione valida per il mio amico.

É vero che certe punizioni di un tempo erano esagerate ma forse stiamo vivendo, attualmente, qualcosa di paradossale e assurdo, dove i ragazzi insultano o alzano le mani sui professori (o vituperano divise e istituzioni) e i genitori anziché punirli li premiano e aggrediscono gli aggrediti… ma alla stupidità non c'è mai fine… è appurato.

Fatto certo è che Fabio, fino a che sono stato in paese non ha quasi più balbettato. Era (e credo sia ancora), una persona gentile ed onesta.

Erano tempi nei quali non si guardava con molta attenzione se un albero in aperta campagna aveva una targa di proprietà e, fichi d'india, mandorle e olive erano in abbondanza a disposizione di chi (casualmente) aveva una cassetta vuota e una "cannuga"*, come novelli don Chisciotte a cavallo, per raccoglierne i frutti.

*Canna con un intaglio in cima e le lamine allargate con un pezzetto di legno per poter raccogliere un frutto a distanza senza ricorrere alle mani

GLOAM!
PRESO!
SWISHHHHHHH
TI HO BECCATO CON LE MANI NEL SACCO E LE MANDORLE NELLA MANO.. AHAH ... A ME NON MI FREGA NESSUNO, SONO TROPPO SVEGLIO IMPOSSIBILE FREGARE ME ... TROPPO BELLO E BARRACELLO!
by MAGIC JOE 2024

LA MANDOR LA
(FRUTTO BIFRONTE)

Sia in Sardegna che in Sicilia
regna un frutto che strabilia.
Duro e ruvido all'esterno
ma gustoso assai all'interno.

Viene usato puro o astratto
per i dolci e il mandorlato
e ad aprirla stanne certo
di profumi è un gran concerto.

Mi ricordo da bambino
che giravo in motorino
di aver visto al mio paese
su una pianta un sinnaese.

Mille mandorle prendeva
dentro un sacco maculato
non si accorse che di sotto
esso era circondato.

"SCENDI AMICO O PAGHERAI"
siamo Guardie ma lo sai.
Gli puntarono il trombone
che di lardo avea il pienone.

Non rispose! Esso tacque
e pareva far boccacce.
Non sapeva il Barracello
che in difetto avea il favello.

Parte secca la granata sulla carne
sfrigolata, e i poemi contro i santi
li enunciava tutti quanti.

Il difetto di parlata superava la sparata,
e mai più, regalo ha tratto,
la sua lingua ha balbettato.

Son passati ormai degli anni
48 e così sia,
ma al mio amico la ferita
 non è mai venuta via.

Ecco allora la morale
alla fin di questo strale,
Vuoi la mandorla assaggiare?
Al negozio devi andare.....

Introduzione a...
DEL CALCIO E DEI SUOI GIOCATORI

Tema scottante per me il calcio. E pensare che da ragazzino avevo anche l'abbonamento per andare a vedere al Sant'Elia il mio Cagliari che proprio nell'ultimo anno della mia passione calcistica fu preso per i capelli scampando la retrocessione in serie C con l'allenatore Ulivieri (e se lo dico io che di capelli me ne intendo).

Con Pullman o passaggi di amici più grandi di noi il pomeriggio domenicale a settimane alterne era dedicato a quella che credevo una sana passione.

Nella settimana c'erano poi i commenti e i giornali e la schedina formulata al COMMODORE VIC20 a casa dell'amico Gianni. Dopo l'inserimento dei dati con musicassetta nell'apposito lettore, arrivava la stampa di una schedina che avremmo anche potuto fare a mano semplicemente verificando la maggior presenza di vittorie/sconfitte/pareggi. Inutile dire che non abbiamo mai vinto se non un dodici da poche decine di migliaia di lire immediatamente reinvestite.

Fu in quel periodo che cominciai a notare uno strano atteggiamento dei club (non che prima fosse assente).

La mia visione sulla quantità di appartenenti alla Regione rappresentata veniva offuscata dai pochi nomi sardi nella mia squadra del cuore con periodi storici nei quali di sardo c'era davvero poco. Si aggiunga che fino ad allora la quantità di soldi che giravano aveva ancora delle connotazioni "raggiungibili mentalmente" per quanto fuori portata rispetto a qualsiasi stipendio sulla faccia della terra.

Poi l'avvento dell'imprenditorialità nel settore fece levitare i cachet a cifre assurde, inconcepibili ed oserei dire ingiuste in relazione ad un gioco con una palla di cuoio.

Non trovai più la necessità di tifare il Cagliari perché di Cagliari percepivo ben poco e anche nell'ipotesi di uno scudetto, non sarebbe stato lo scudetto del Cagliari, ma del portafoglio che aveva comprato determinati giocatori.

Aggiungiamo poi che crescendo il vedere 22 giocatori in pantaloncini che rincorrono un pallone e sono pagati milioni di euro mi sembrava (e mi sembra) assolutamente poco "appagante" (se mi passate il gioco di parole) e il quadro è completo.

La mia passione calcistica ha come unico e marginale interesse i mondiali di calcio dove a giocare è realmente l'Italia e gli avversari sono davvero della nazione sfidata. É sano agonismo e se non sconfina in scorrettezze è sano sport (per quanto supportato da giri di denaro incredibili).

A volte però riesco ad andare su tutte le furie anche per questo evento giacché atleti giovani e strapagati si permettono anche vezzi e intemperanze da primadonna… con crampetti dovuti a stanchezza (poverini) e scarso spirito di sacrificio.

Ultima ancora di salvezza morale è sempre stato GIGGGGGGGG-GI RIVA (La quantità di G è proporzionale all'affetto per questo grande atleta e alla peculiarità della pronuncia sarda).

Paradossalmente è sempre stato molto più sardo dei sardi, e a scapito del proprio portafoglio è rimasto nella mia amata isola per poter giocare ancora nella SUA squadra. Il Cagliari appunto.

Ho sempre in mente una promessa di mio Padre che purtroppo non ha potuto mantenere. Saremmo voluti andare assieme al distributore di proprietà del nostro campione e farci fare un autografo dal nostro mito. Capitai una volta soltanto in quel distributore con la mia AX KWAY nuova di pacca, ma di GiGGGGGGGGI per sfortuna, quel giorno, nemmeno l'ombra.

Mi rimane la sua aurea positiva da persona perbene ammirata da tanti (e da mio Padre), fedele e corretta che come Fabrizio De Andrè aveva saputo cogliere l'anima magica della mia terra.

Forza Paris

(NDR: la notizia della scomparsa del Campione di umanità e calcio Gigi Riva giunge il 22 gennaio del corrente anno 2024. Il popolo sardo come immenso fiume si è presentato a salutarlo e a ringraziarlo. Sardo fra i sardi. Buona partita ROMBO DI TUONO!)

[...]

BUONGIORNO, LEI È IL NUOVO ACQUISTO DEL CAGLIARI?
EJA, PERÓ HO CHIESTO DI GIOCARE, CON LA BERRITTA, IN CAMBIO LE MIE PECORE TAGLIANO L'ERBETTA!
by MAGIC JOE 2014

DEL CALCIO E DEI SUOI GIOCATORI

Ho un ricordo quasi parco
del mio "fu" giocare a calcio.
Nei "pulcini" sinnaese
fui portiere per un mese.

Questo perché il titolare
per un mese stava male
Quindi io, seconda opzione
fui introdotto col magone.

Vagolavo dentro l'area
come un pollo con l'aviaria
acchiappando gol forensi
che di gioia parean densi.

Ma era calcio genuino
con un animo bambino,
e vieppiú "campanilismo"
sconosciuto a noi il cinismo.

Ora giocan coi milioni
e non son commilitoni.
Dentro al Cagliari a giocare
niente sardi da tifare.

Quando è sano l'agonismo
non si cade nel razzismo
e se grido "SINNAI" OLÉ
non ha senso il "vin brûlé".

È per questo cara gente
che mi libero la mente.
Non mi piego al dio denaro
che nel calcio agisce avaro.

Vanno a suono di milioni
senza mai sudar maglioni,
vanno al Lazio e all' Atalanta
purché paghi più o abbastanza.

Ma c'è qualche anomalia
riscontrata per la via;
dei campioni affezionati
come più ne sono nati.

Non è sardo ma adottato
e in Sardegna si è accasato,
non ha mai accettato assegni
dai gran club mai preso pegni.

Il suo animo è ben saldo
ed ormai si sente sardo.
Non ci sono calciatori
col suo animo a colori

La sua anima è Giuliva
Abbasso il calcio
Evviva RIVA

(Dedicato a GIGI RIVA)

Introduzione a...
DELLE PIATTAFORME TV E DELLE DIRETTE

Lo so. Sono fatto male. Alcune migliorie tecnologiche e moderne non incontrano il mio piacere.

Questo avviene soprattutto in quelle tipologie di innovazione che addormentano inconsapevolmente l'intelletto.

Per farvi un esempio la mia conversione al navigatore è stata davvero lenta e graduale poiché in genere lo utilizzo solo in casi dovessi raggiungere località totalmente ignote ma, mai più di una volta, lo utilizzo per la stessa destinazione.

In ogni caso l'utilizzo è limitato a valutare distanze e tempi di percorrenza per ottimizzare il tempo a disposizione.

Preferisco "tentare" nella direzione voluta, valutando a pelle luce e ricordi. (Ebbene sì, proprio la luce del sole).

E così è avvenuto per la radio soppiantata negli anni dai vari lettori MP3, o per i video musicali con i successivi MP4.

In macchina preferisco ascoltare una stazione che trasmette musica, informazione o attualità piuttosto che compilation già preformate. Insomma amo spaziare meravigliandomi e/o ragionando sulle varie cose che mi vengono proposte.

Nella tv poi il tutto diviene esponenziale.

Soprattutto quando la famiglia si ritrova a tavola non riesco a trovare "giusto" o "canonico" vedere assieme la televisione "telefonata" (se mi si passa il termine).

Credo che sia una necessità delle nuove generazioni il dover pianificare tutto senza l'obbligo di affrontare tematiche sconosciute privi del dovuto preavviso.

I vecchietti come noi (altrimenti detti "problem solvers") sono maggiormente aperti all'imprevisto, al ragionamento estemporaneo e alla decisionalità istantanea (per quanto talvolta sia sbagliata).

Credo anche che la mente trovi maggior stimolo nel vedere cose diverse (di impegno intellettivo talvolta abissalmente differente) piuttosto che rassicuranti soap senza reali sorprese dietro l'angolo ma con contenuti esistenti in un unico ambiente.

Ben inteso; guardo anche io i film o telefilm su piattaforma ma non in maniera prevalente, e non esclusivamente. Scelgo quello che voglio vedere come chiunque ma se posso lascio libera la casualità della somministrazione.

Ecco, magari sono fissato nel vedere almeno un telegiornale al giorno. Ritengo indispensabile essere orientati sulle vicissitudini del momento e ritengo vera la frase "sapere è potere", inteso come potere entropico.

Ma poi vuoi mettere zompettare fra un quiz, un tg, un film drammatico, un film comico, un B-movie, senza dover nemmeno alzare il ditino sul telecomando?

E pensare che noi siamo la generazione che aveva il televisore che si accendeva in cinque minuti con lo stabilizzatore, aveva 2 canali, era in bianco e nero, che cominciava alle 17.00 con la tv dei ragazzi e per cambiare il canale dovevi alzarti e premere i pulsanti giganteschi a fianco allo schermo.

Ricordo con infinita tenerezza il primo abbozzo di televisore (sempre tassativamente in B/N) che aveva incorporato in sé una larva di telecomando.

Aveva una sorta di mezza sfera nera sul lato inferiore destro che illuminato con una torcia dedicata cambiava alternativamente i due canali esistenti.

Lo possedeva il mio plurinominato amico fraterno di infanzia Gianni (con uno zio che possedeva il più bel negozio di elettrodomestici e motorini dal quale avevamo tutti comprato anche per le generose condizioni di vendita e assistenza che Zio Giulio offriva) (ndr Il negozio esiste ancora e a casa dei genitori di Gianni, Silvana e Salvatore, anche il televisore ULTRAVOX in questione e mi dicono ancora funzionante).

Solo molti anni dopo il mio amico arrivò a scoprire che anche con semplici torce da campeggio il meccanismo funzionava ugualmente.

Tempus fugit

[...]

QUESTO É QUELLO CHE IO CHIAMO... IL BELLO DELLA DIRETTA !!!
TG - MONEY
DING! DING!!
by MARiCJof 2024

DELLE PIATTAFORME TV E DELLE DIRETTE

Ogni giorno, in discussione
Il veder televisione.
A me piace la diretta
che nell'etere mi aspetta.

Alla prole invece piace,
di guardare un video in pace,
nelle varie piattaforme
che di film han lista enorme.

Mi sono chiesto se il perché
sia celato dentro me;
Se in memoria o se in diretta,
la mia mente ormai difetta.

Ma la spiegazione ho visto,
(la ripeto come un disco):
Preferisco la diretta
che il ragionamento umetta.

Ti solletica sorpresa
se l'evento è senza attesa
e il ragionamento accende
la polemica ottundente.

La tua zona sicurezza
Nello scegliere in scioltezza,
il tuo film senza sorprese
ma altrettante nulle attese.

Credo invero sia paura,
di affrontare la ventura,
che sia panico imprevisto
se non scelgo ciò che ho visto.

Sia nel micro che nel macro
la paura ha un senso sacro
di affrontare, poi se stessi,
e son spettri mai dismessi.

Forse esagero, lo so
ma domani proverò,
a incontrare il mio futuro
mai pianificato, giuro.

Introduzione a...
DELLA PAURA DEL PALCO
(nei massimi sistemi)

Questo breve scritto, rappresenta in realtà la punta di un iceberg che soltanto chi prova l'ebrezza del palcoscenico può convalidare. Puoi aver fatto migliaia di spettacoli ed esserti esibito in qualsiasi contesto ma l'Istante frizzato nelle rime ti assale inesorabilmente.

Il meccanismo di catalogazione mi è scaturito dall'esperienza lavorativa nella mia professione infermieristica (e aeronautica) ormai quasi quarantennale.

Esistono dei corsi specifici per il personale aeronavigante atti a verificare resistenza e sintomi in condizioni di carenza di ossigeno dovute a particolari condizioni di volo (dettate dall'aeromobile o dalle condizioni contingenti a esso).

Con vari test effettuati in centri specializzati che simulano queste condizioni estreme, il personale sottoposto ad esame valuta i propri limiti e riconosce i sintomi che servono come allarme per quella determinata condizione.

Ovviamente ognuno presenta un sintomo differente (confusione, vista annebbiata, agitazione, sudorazione e via dicendo, fino ad arrivare a pensieri particolari che normalmente non sarebbero affiorati), ma di sicuro è la luce rossa che attiva le procedure necessarie ad interrompere il pericoloso loop.

Anche in magia quindi, ho imparato a catalogare il sintomo "fifa nera" e "scappiamo fino a quando siamo a tempo per farlo" come un sintomo normale, quasi "fisiologico", nell'affrontare uno spettacolo. Non averlo infatti, significherebbe non scatenare un livello di adrenalina sufficiente per prodursi in una performance accettabile.

Rientra nell'algoritmo dello spettacolo un rito propiziatorio (per me necessario ma non scaramantico) suggeritomi dall'amico e Maestro Aurelio Paviato (campione mondiale di micromagia e noto frequentatore di trasmissioni televisive importanti come il MAU-RIZIO COSTANZO SHOW e BUONA DOMENICA, e tante altre). In sostanza ci si ferma un istante prima di entrare in scena, si fanno tre respiri profondi, si chiudono gli occhi, e quando si aprono LO SPETTACOLO COMINCIA!

É un interruttore virtuale semplice ma potentissimo che aiuta a delimitare i margini dello spettacolo che vi apprestate a portare in scena.

Ho confrontato la mia esperienza in migliaia di spettacoli con altri colleghi prestigiatori più o meno esperti e ho sempre riscontrato un espediente simile, magari diverso come forma ma uguale nella sostanza.

Nell'ultima rima ho voluto trasmettere un senso di rassegnazione all'evento, perché chi sceglie di fare spettacolo può trovare mille difficoltà, ma alla fine, THE SHOW MUST GO ON!!!

Et voilà

[...]

E COME POTETE VEDERE IL NOSTRO POVERO CONIGLIETTO SI È EMOZIONATO E SI È FATTO LA PIPÌ ADDOSSO ...
SEMPRE LA SOLITA STORIA DI PAURA DEL PALCO... DILETTANTI
EH NO! QUELLA È LA TUA CARO IL MIO AMICO ILLUSIONISTA EMOZIONATO!
by Maicle Josedol

DELLA PAURA DEL PALCO
(NEI MASSIMI SISTEMI)

Da trent'anni ormai sicuro
calco il palco in modo duro,
Fra magia ed animazione
copro il tempo con passione.

Tagli, voli e sparizioni
sono fra le mie illusioni.
Le monete, corde e carte
sono maneggiate ad arte
e stupisci, mio consiglio,
se ti appare un bel coniglio.

Pochi sanno che da sempre,
(dalla prima apparizione)
sopraggiunge la paura
forse già da prestazione.

Sa di panico e stupore
domandarsi con ardore
"ma chi me lo farà fare
di star qui a magicolare".

Ma alla fine riconosco
questo sintomo un po' fosco.
Serve a dare adrenalina
e a far superar la china.

Poi si apre quel tendone
e vai in scena con passione
Scordi le difficoltà
MAGIC JOE a voi....
et voila'

Introduzione a...
NOVELLA DELL'ALBERO SARDO

Questa serie di invereconde rime mi consente di salutare caramente i miei amici Enio e Rita, Antonio e Angela, Alessandro e Antonella che con me e mia moglie Marilena creano il nostro stretto gruppo di allegri anzianotti.

Questi eterogenei ragazzi attempati riflettono millanta sfaccettature caratteriali ma il comune denominatore è **"LA COMPETIZIONE"**

Ebbene sì, dopo gli "anta+10" lo sport nazionale è la rivalità.

Si parte dal "io lo faccio meglio" per arrivare a "il negozio migliore è quello dove compro io" o ancora peggio "organizzo io sennò voi…" e via dicendo.

Il tutto sia chiaro, con affetto fraterno e fragorose risate.

Vieppiù da aggiungere che un malsano lato del mio carattere mi impone di primeggiare laddove possibile (talvolta platealmente per autoironia) rendendo quindi vane quelle poche volte nelle quali ad aver ragione sono davvero io!

É il caso della discussione su quale albero di Natale fosse il più alto.

Forte d'aver letto la misura del nostro sulla scatola che lo conteneva mi scontravo sugli evidenti errori di parallasse dei miei competitor del momento.

Non credevano infatti ai 2 mt e 45 da me (e dalla scatola) enunciati.

É uno di quei casi nei quali avrei voluto applicare il teorema dell'ormai pensionato (spero per lui, ancora in vita), **Maresciallo FUCILE** che nel lontano 1986 nella Reggia di Caserta sentenziava a noi poveri avieruncoli "TI ORDINO CHE HO RAGIONE IO" senza lasciare spazio a pareri e argomentazioni.

Ecco allora la necessità di creare un gruppo WA del nostro eroico gruppo inserendo come immagine la fotografia del nostro albero con il metro accanto.

Intuirete che le malelingue ipotizzarono un metro disposto ad hoc

per simulare l'errata misura ma questa è altra storia.
Il gruppo wa permane ancora come i nostri affettuosi dissidi e come ancora permane l'albero di Natale in vera plastica a disposizione per qualsiasi controllo centimetrico.

BUON NATALE!!!!!

CI
CREDERANO?
QUELLO VOGLIO!
E ALTISSIMO!!'.
AJÒ
MAMMA MIA
SARANNO DUE
O TRENTA METRI..
ME LO INCARTI
É LA TEORÌA
DI EINSTEIN
TUTTO
É
RELATIVO!
ABETE
DI
PINO
IN LECCIO
VENDITA
ALBERI DI NATALE
by MAGIC JOE LOLLY

NOVELLA DELL'ALBERO SARDO

Vi racconto una novella
che al finale è proprio bella.
Narra essa di un Natale,
in un anno da scordare.
(cit. 2020)

Ma per non restare senza
e cadere giù dal pero
fecer l'albero addobbato,
(molto bello a dire il vero).

Esso invero fu studiato
di un'altezza invereconda,
da geometri e sofisti
che viaggiavano nell'onda.

Mezzo Metro, un metro e sei,
uno e ottanta (ma a Ortisei).
"Son due e dieci, ve lo dico".
"ZITTO TU... O TI MALEDICO".

Era questa una scommessa
fra gli amici quasi in ressa,
su chi aveva più importante
il suo albero gigante.

Affiancato a lui posai un bel metro,
per non sfigurare tetro,
le sue punte ho ripiegato
per non esser criticato.

E da foto dimostrante
la mia gioia adesso è grande:
Siamo sui due metri e sette
mancheranno due stanghette

In attesa di messaggi

metto in chat foto cotanta
con il metro ripiegato
Che misura un metro e ottanta.

Per qualsiasi altra ragione
(confutare per reazione)
Io vi attendo (e non arretro)
A vedere con il metro.

Il riassunto cari amici
è che a volte anch' io ho ragione,
solo che a "partito preso"
a me resta un gran magone.

VIVA NOI, VIVA IL NATALE
VIVA GLI ALBERI DA FARE,
E PER FESTEGGIARE TARDO,
IL PIU' GRANDE É IL **PINO SARDO!!!**

Introduzione a...
NON É MIA MADRE

Per delicatezza verso la piccola Vittima di questa immensa tragedia famigliare non citerò il nome della Bambina.

Vi basti sapere che l'episodio risalente a pochi anni fa coinvolgeva una bimba di soli cinque anni, uccisa brutalmente dalla propria madre con un grande coltello da cucina.

Inutile dire che l'episodio suscitò grande scalpore e che l'opinione pubblica si scaglio in modo assoluto e giustamente durissimo verso l'autrice di questo gesto assurdo.

Dopo la rabbia però, come spesso accade, rimangono i pensieri.

Da padre ho sempre avuto il cruccio che una delle mie due meravigliose Bambine (sono "Bimbe", alla toscana maniera, anche adesso che hanno superato i vent'anni) potesse chiamarmi per una necessità, un pericolo, un desiderio, senza che io per qualsivoglia motivo potessi intervenire.

L'idea che la "fiducia totale nel dare la mano" (cit. *F.Guccini*) fosse disattesa mi ha sempre destabilizzato. Ai bambini non va mai negato il cuore.

E poi penso a questo piccolo angioletto di cinque anni che ha visto la persona che probabilmente amava di più al mondo, scagliarsi verso di lei con una lama facendole del male.

Non riesco nemmeno ad immaginare quanto si deve essere sentita sola, piccola, abbandonata.

Sono certo che sulle prime ha pensato ad uno scherzo, poi magari si sarà sentita in colpa per aver fatto arrabbiare la mamma (però, *che male mi stai facendo Mamma*), poi credo che abbia compreso e che si sia sentita…

…………………………………….. sola…………………….

Buonanotte dolce sorriso

MAMMA...
NO!
by MAGIC JOE 2024

NON È MIA MADRE

Ora qui nulla è più scuro
e il mio animo è al sicuro,
tanti amici e i miei parenti
che mi abbracciano contenti.

Solo ieri la follia
di una donna in casa mia
che guardandomi nel viso
mi strappava ormai il sorriso.

Non temete, l'ho compreso
sul mio animo indifeso
ve lo giuro in questo dramma
lei non era più mia mamma.

Quando alta lei brandiva
quella lama luccicante
nei miei occhi rifletteva
Il suo animo distante.

Ora sono coccolata
da chi ha pianto il mio dolore,
da chi pur se sconosciuto,
mi comprende nel suo amore.

Cinque anni sono pochi
per chiamarla "la mia vita",
ma ha più senso che il "mia madre"
essa venga definita.

Son serena e sorridente...
e il dolore ormai decade
é un ricordo ormai lontano,
e non era lei mia madre...

...non lo è mai stata

Un papà

Introduzione a...
PER GIULIA

Anche questo recentissimo fatto di cronaca (vi scrivo queste righe a dicembre del 2023) ha suscitato un grande clamore mediatico.

É un periodo storico nei quali i femminicidi sono sotto l'occhio speciale dell'opinione pubblica e delle forze dell'ordine.

É un periodo nel quale ci sono inviti alla denuncia e alla segnalazione per tutte quelle Donne (o persone in genere) che si trovano in condizione di schiavitù psicologica o in pericolo di vita.

Manca la cognizione di moralità di base, spicciola, umana!

Ci sono pseudo-uomini che si arrogano il diritto di decidere della vita o della morte delle loro compagne o ex (come in sempre più conosciute culture dal sapore nettamente primitivo e carenti di sensibilità, empatia e intelligenza).

Ci sono uomini che si arrogano il diritto di uccidere una figlia perché non sposerà l'uomo che loro hanno scelto (con l'appoggio ipocrita ad un dio).

E mi siano grati per averli definiti uomini.

Giulia era una ragazza normale. Una che potevi incontrare al cinema, in discoteca, in libreria. Se il giorno prima le avessimo raccontato la sua storia a seguire non ci avrebbe mai creduto.

Giulia era la bambina della porta accanto. Un sorriso dolce e semplice.

Giulia aveva perso la Mamma da meno di un anno.

Quanto dolore doveva già esistere nel suo cuore? Quanto dolore nel cuore di suo padre e dei suoi fratelli? Chi avrebbe mai scommesso un centesimo sul fatto che la cupa mietitrice avrebbe visitato la stessa casa per due volte in così breve tempo?

Sarei davvero felice se la convinzione della felicità eterna fosse la verità e non una favola raccontata per farci comportare correttamente in questa vita.

Sarei davvero felice se esistesse la dannazione eterna per quanti uccidono volontariamente anima e corpo di loro simili... ma la contraddizione è nella stessa professione di Fede; Se Dio esiste (almeno il Dio che ci viene insegnato), è cosi illimitatamente buono che non sarebbe capace di infliggere dolore a nessuno per quanto colpevole (lo dico perché io, essere fallace, non riuscirei ugualmente a fare ciò, immaginiamo l'Essere Perfettissimo).

Lasciamo quindi alla punizione terrena l'autore di questa efferatezza (mi auguro riceva una punizione veramente redimente) e facciamo quello che ci è consentito fare: ricordare.

Parlare di questi episodi e ricordare vittime e carnefici potrebbe essere utile per evitare storie simili.

Questo è un mondo dove ci dicono che la natalità sta precipitando, ma paradossalmente siamo sempre di più (miliardi di più), Le risorse non bastano, la sanità arranca per servire con gli stessi mezzi di quarant'anni fa un numero di persone quintuplicato. La superfice libera non è sufficiente per far defluire le acque e noi siamo sempre più "numeri", sagome, in balia di noi stessi e vittime dello scorrere del tempo.

Buon viaggio splendida indimenticata Giulia

Per quanti suppongano erroneamente che ho utilizzato un foglio nero con disinteresse sappiano che per renderlo nero ho utilizzato pazientemente un pennarello a inchiostro di china tipo Brush-S e un permanent X.35 da 3 mm. L'immagine a seguire è il retro del foglio. Ogni colpo di pennarello è una dedica, con il cuore a chi ha dovuto subire un dolore del corpo e dell'anima come nelle due storie appena raccontate.

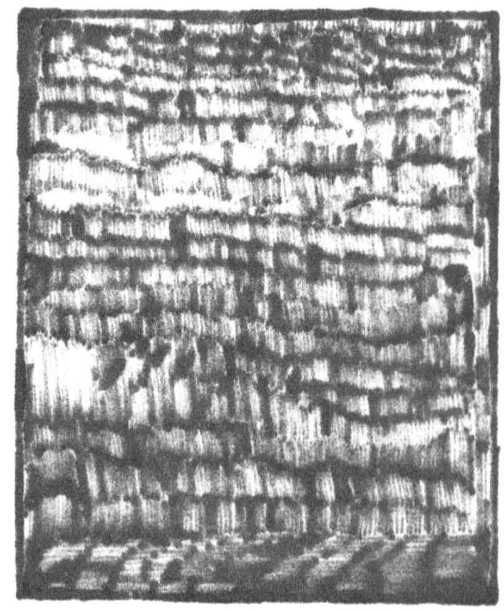

PER GIULIA

Vorrei Scrivere un poema
dedicato e senza schema
a testimoniare appresso
il dolore che c'è adesso.

Come Padre io mi chiedo
se chi ha ucciso aveva un credo,
se ferirti ed umiliarti
era fra sue elette arti.

Egli ha ucciso in quel frangente
lei, la tua e la propria gente.
Figlia mia (figlia di tutti),
anche dei "suoi" genitori,
che darebbero la vita
per lenirti quei dolori.

Stai da adesso nel ricordo
di un dolore cupo e sordo
ma ci rimarrà il sorriso
del tuo volto paradiso.

Io non so, per fato o sorte,
che ci aspetta oltre la morte,
voglio solo ipotizzare
ciò che può rasserenare.

Forse chiunque di noi vada
per l'arcana strana strada
Troverà animi amici
nello spirito felici,

ed avranno gioia in viso,
senza il dogma "paradiso"

Buon viaggio Giulia

PROLOGO

Non è un errore, giuro, ho scritto la parola "**PROLOGO**" e non "**EPILOGO**", fra le prime di questo colossal che state leggendo (modesto io).

Già dall'inizio pensavo esattamente e inconsciamente a questo. Non avrei mai voluto chiudere questa stesura, perché ogni giorno mi ritrovo fra gli appunti un gruppetto di rime che mi andrebbe di aggiungere. Inoltre mi piacerebbe tanto che il libro stesso divenisse il "prologo" di una fantastica avventura.

Una raccolta infinita e continua di aiuto e solidarietà per tutte le iniziative legate al sorriso (vero e presente) di ogni bambino che ha anche solo sfiorato la nostra vita rendendola molto più bella! E restando in tema, forse non ho mai ringraziato abbastanza mia moglie Marilena per il dono meraviglioso delle mie Figlie ormai adulte, Denise ed Elisa e lo quindi lo ribadisco ancora una volta adesso. I nostri figli, qualsiasi vita abbiano, o abbiano avuto, sono il vero e permanente arcobaleno delle nostre vite; anche di quelle più complicate.

Ringrazio Fabio che ho avuto la fortuna di incrociare nel mio cammino. Ho imparato da lui tantissimo e grazie a lui ho avuto lo sprone di terminare rapidamente questo libro che era soltanto in embrione. Ringrazio anche Marta, che non ho conosciuto ma alla quale spero di rendere onore grazie al progetto che abbiamo "principiato" (bellissimo arcaismo letterario).

Ringrazio Grazia Velvet Capone per la fiducia nei miei confronti in questo e in precedenti lavori creati assieme e anche per avermi dedicato del tempo che so benissimo non aveva a disposizione. Ringrazio Aurea Nox, sempre sensibile ai progetti positivi, quelli semplicemente "belli", a dimostrazione che si può essere editori e sensibili se solo si vuole (una cosa non esclude l'altra). Ringrazio i genitori di Fabio e Marta, poiché sono i veri eroi della storia, quelli che lottando con un dolore implacabile rendendolo sorriso e sollievo per altre famiglie e bambini. Veri genitori.

Vi lascio con una promessa. Quando questo libro comparirà nelle

varie vetrine di vendita (virtuali e/o fisiche), lo presenteremo con una festa meravigliosa. Avrò il piacere di intrattenere gli ospiti con la Magia (e magari qualcuno di voi potrà regalare qualcosa dei propri talenti) e sorrideremo tanto… sarà una giornata di festa.
Prendo il solenne impegno di segnalarvi questa e altre iniziative, ma soprattutto gli esiti periodici di raccolta fondi. Vi invito quindi a prendere contatto con me ai recapiti che troverete a piè pagina per restare aggiornati.

E quindi… che sia il PROLOGO di un'avventura magica e fantastica!!!!

Grazie!!!!

Giorgio Salidu – Magic Joe

Giorgio Salidu
Magic Joe
mail: magicjoe@tiscali.it
cell. 3389193892 (WA)
FB: JOMA JOMA

SENZA PAROLE

Auguri piccola pulce, auguri, buon compleanno,
privo della tristezza che trae tutti in inganno,
ma pieno di dolcezza, che ti farcisca il cuore,
vuotandolo di colpo da tutto il suo dolore.
Denso di pensieri, molti più di mille,
che colmino il tuo cuore di eoni di scintille.
Che possa essere io, il papà che caccio,
tutto il tuo dolore stringendoti in abbraccio.
Che ti protegga l'animo da tanta sofferenza
Perché senza di te sento forte l'assenza.
E non mi importa niente di "giochi" e "discussioni"
E non mi importa neanche di risultati "buoni".
Mi importa solamente del tuo sorriso bello,
e credimi lo giuro, anelo solo a quello.
Non riesco neanche a entrare nel muro del tuo cuore,
laddove maledetto, alloggia il tuo dolore.
Perché vorrei sfaldarlo, distruggerlo a brandelli
...e a notte penso agli occhi... e i tuoi son troppo belli.
"non ridere di me, di queste mie parole" (ndr)
conserva questo foglio più della neve al sole...
Perché quando da grande tu lo rileggerai,
comprendendo un pochino che amore hai, hai avuto e
avrai.
Imparo dagli errori e studio il mio "me stesso"
perché vorrei per te essere un po' diverso.
Vedere il tuo sorriso quando al mattino scendi,
bere con te il caffè, cacciare i sogni orrendi.
Ti auguro mille anni di Gran felicità,
ti amo oltremodo... il tuo caro Papà.

BIOGRAFIA

L'autore Giorgio Salidu, alias Magic Joe, alias Joe Look, è un giovanissimo prestiggiatore di 54 anni (ironia). Grafico fumettistico da una vita, ha collaborato a varie testate e libri e con il calendario umoristico sardo prodotto per dodici anni ha potuto aiutare molti bambini con adozioni a distanza e regalare loro un pozzo d'acqua (grazie alla collaborazione con gli amici del gruppo "Laura sorride", "il Gruppo Infinito", "Archistoria", l'associazione culturale sarda di Pisa "Grazia Deledda" e gli amici e colleghi della 46a Brigata Aerea di Pisa). Dal 1986 è orgogliosamente un sottufficiale dell'Aeronautica Militare in qualità di Infermiere Professionale. Possiede due diplomi ed una Laurea e mezzo (la seconda è in realtà una conversione) dei quali va molto fiero. Ha insegnato musica presso le scuole elementari di Uliveto Terme per undici anni con un progetto didattico gratuito. Ha praticato il Karate Shotokai e Shotokan per complessivi ventisei anni prima come allievo e poi come Istruttore tenendo anche corsi di difesa personale per neofiti. Per un anno ha praticato il Kung fu stile "Jeet Kune do" per curiosità atletica, venendo anche a conoscenza dei fondamentali del parkour. Dagli inizi degli anni '90 del XX secolo, e con le dovute autorizzazioni del caso, è un prestigiatore professionista che si è potuto formare con illustri nomi della magia frequentando molti corsi e partecipando a centinaia di conferenze. Nel corso degli anni ha effettuato spettacoli anche per grossi nomi dello spettacolo e dello sport e per molte reti nazionali e locali. Saltuariamente partecipa come docente a incontri di formazione per prestigiatori ed animatori. Suona la chitarra acustica, il clarinetto in si bemolle e il flauto dolce, giusto quanto serve per non farsi prendere a pomodorate! È un abile casalingo (ma non ditelo a nessuno) e si rende conto di essere sopportato per le sue poliedricità dalle sue figlie Denise ed Elisa (che pure in passato hanno praticato magia ed arti marziali) e dalla moglie Marilena. Probabilmente avranno la Santità di diritto per la pazienza profusa.

Ad maiora semper

Pubblicazioni e collaborazioni:
- "Da grande farò il Mago"
- "Battiatosophia" - copertina
- "Sette Porte" di Grazia Velvet Capone - copertina e illustrazioni

IL PROGETTO ETICO DI AUREA NOX

AUREA NOX è un progetto etico collettivo nato in rete nel Maggio 2021 da un'idea di Grazia Velvet Capone che ha ideato e realizzato anche tutte le elaborazioni grafiche. Il nostro comune Ispiratore è stato ed è Franco Battiato, musicista e maestro. Le energie creative del gruppo confluiscono nella collana-esperimento evolutivo chiamata **AVALON - Terra Sacra**: un luogo letterario dove gli autori si confrontano con un tema comune. È nata così l'idea di creare una pubblicazione ritmica, legata alla ruota dell'anno, adatta a tramandare forme-pensiero di profonda e assoluta ricerca evolutiva. Una virtuale unione di intenti.
Un Seme che diventi Quercia.

Di seguito ecco le altre collane editoriali

- **BEE BOOK SII UN LIBRO - Collana per bambini**
- **SEVEN DOORS - Sviluppo spirituale**
- **BREVIS - Saggi e Racconti brevi**
- **LYRA - Poesia**
- **HELOQUENCE - Diari, Romanzi, Manuali**
- **TRIBAL - Viaggi, Magia, Territori**
- **AUREA MAGISTRA - Percorsi storici**
- **DIAMANTI AUREI – Poesia d'elite**
- **CUORE INDIeGENO – Lingue minori, etnie**
- **BIOlive - Testimonianze dal vivo**

Un sentito ringraziamento al direttivo del Progetto e ai vari gruppi di lavoro dedicati, che hanno profuso le loro preziose energie a beneficio della nostra comunità di Au-tori e di una magnifica Idea Viaggiante

Per contatti, richieste e collaborazioni:
Mail: aureanox@libero.it
Gruppo Facebook Aurea Nox Scrittori – Editori

www.ingramcontent.com/pod-product-compliance
Lightning Source LLC
Chambersburg PA
CBHW061243140726
47998CB00006B/2073